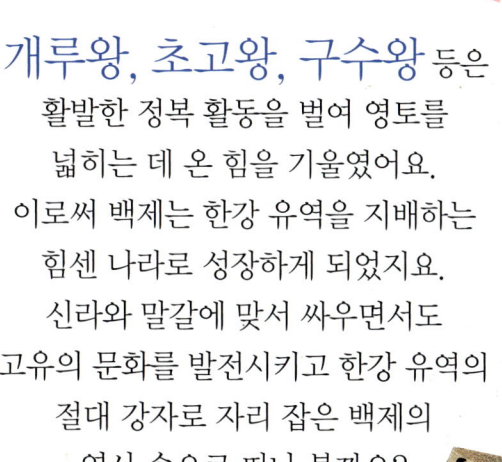

개루왕, 초고왕, 구수왕 등은
활발한 정복 활동을 벌여 영토를
넓히는 데 온 힘을 기울였어요.
이로써 백제는 한강 유역을 지배하는
힘센 나라로 성장하게 되었지요.
신라와 말갈에 맞서 싸우면서도
고유의 문화를 발전시키고 한강 유역의
절대 강자로 자리 잡은 백제의
역사 속으로 떠나 볼까요?

추천 감수 박현숙 (고대사)

고려대학교 사범대학 역사교육과를 졸업하고 동 대학원에서 문학박사 학위를 받았습니다. 현재 고려대학교 사범대학 역사교육과 교수로 재직 중이며, 백제 문화와 고대 인물사 등에 대한 활발한 연구를 계속하고 있습니다. 쓴 책으로 〈백제의 중앙과 지방〉, 〈한국사의 재조명〉 등이 있습니다.

추천 감수 정구복 (고려사·조선사)

서울대학교 사범대학 역사교육과를 졸업하고 서강대학교에서 문학박사 학위를 받았습니다. 한국학중앙연구원 한국학대학원의 교수로 재직 중이며, 한국학중앙연구원 한국학대학원 원장을 역임하였습니다. 쓴 책으로 〈한국인의 역사 의식〉, 〈역주 삼국사기〉, 〈한국 중세 사학사 1, 2〉 등이 있습니다.

추천 감수 김한종 (근현대사)

서울대학교 사범대학 역사교육과를 졸업하고 동 대학원에서 역사교육을 전공하여 문학박사 학위를 받았습니다. 현재 한국교원대학교 교수로 재직 중입니다. 쓴 책으로 〈역사 교육 과정과 교과서 연구〉, 〈역사 교육의 내용과 방법〉(공저), 〈한·중·일 3국의 근대사 인식과 역사 교육〉(공저), 〈역사 교육과 역사 인식〉(공저) 등이 있습니다.

고증 문중양 (과학사)

서울대학교 계산통계학과를 졸업하고 동 대학원에서 이학박사 학위를 받았습니다. 쓴 책으로 〈우리 역사 과학 기행〉, 〈우리의 과학문화재〉(공저), 〈세종의 국가 경영〉(공저) 등이 있습니다.

고증 정연식 (생활사 및 복식)

서울대학교 국사학과를 졸업하고 동 대학원에서 문학박사 학위를 받았습니다. 쓴 책으로 〈조선 시대 사람들은 어떻게 살았을까?〉(공저), 〈일상으로 본 조선 시대 이야기 1, 2〉 등이 있습니다.

글 박영규

1996년 밀리언셀러 〈한권으로 읽는 조선왕조실록〉을 출간한 이후 〈한권으로 읽는 고려왕조실록〉, 〈한권으로 읽는 백제왕조실록〉, 〈한권으로 읽는 신라왕조실록〉 등 '한권으로 읽는 역사 시리즈'를 펴내면서 쉽고 재미있는 역사책 읽기의 바람을 일으켰습니다. 그 외에도 〈교양으로 읽는 한국사〉 등의 많은 역사책을 썼습니다.

그림 김순영

프리랜서 일러스트레이터로 활동하고 있으며, 그린 책으로 〈고양이 목에 방울 달기〉, 〈이솝 우화〉, 〈만약에〉, 〈경제 동화〉, 〈백설 공주〉, 〈개구리 왕자〉, 〈의리 없는 주인과 소, 양, 개〉, 〈수학 첫발〉 등이 있습니다.

이미지 제공
연합포토, 중앙포토, 국립중앙박물관, 국립부여박물관, 국립경주박물관, 국립민속박물관, 유연태(사진작가), 허용선(사진작가)

광개토 대왕 이야기 한국사 16 백제
영토를 넓히려고 힘쓴 왕들

총기획 및 발행인 박연환
발행처 (주)한국헤르만헤세
출판등록 제17-354호
연구개발원 경기도 성남시 분당구 금곡동 444-148
대표전화 (031)715-7722
팩스 (031)786-1100
본사 서울시 송파구 석촌동 7-3
대표전화 (02)470-7722
팩스 (02)470-8338
고객문의 080-715-7722
편집 임미옥, 백영민, 윤현주, 지수진, 최영란
디자인 장월영, 주문배, 김덕준, 김지은

ⓒ Korea Hermannhesse

이 책의 저작권은 (주)한국헤르만헤세에 있습니다. 본사의 동의나 허락 없이는 어떠한 방법으로도 내용이나 그림을 사용할 수 없습니다.

△ 주의 : 본 교재를 던지거나 떨어뜨리면 다칠 우려가 있으니 주의하십시오.
고온 다습한 장소나 직사광선이 닿는 장소에는 보관을 피해 주십시오.

이 책의 표지는 일반 용지보다 1.5배 이상 고가의 고급 용지인 드라이보드지를 사용해 제작하였습니다. 표지를 드라이보드지로 제작하면 습기의 영향을 덜 받기 때문에 본문 용지가 잘 울지 않고, 모양이 뒤틀리지 않아 책을 오랫동안 보존할 수 있습니다.

이 책은 기존의 석유 잉크 대신 친환경 식물성 원료인 대두유 잉크를 사용하여 인쇄하였습니다. 대두유 잉크는 선진국에서 널리 사용하고 있는 고가의 대체 잉크로, 휘발성이 적어 인쇄 상태의 보존이 용이하고, 인체에 무해할 뿐만 아니라 눈에 부담을 주지 않는 자연스러운 색을 내는 특징이 있습니다.

이야기 한국사 광개토대왕

16 ★ 백제

영토를 넓히려고 힘쓴 왕들

감수 박현숙 | 글 박영규 | 그림 김순영

한국헤르만헤세

개루왕

신라와의 평화를 깬 개루왕

백제, 신라와 다시 적이 되다

128년 11월, 기루왕의 뒤를 이어 개루왕이 왕위에 올랐어요.
165년, 신라에서 아찬이라는 벼슬에 있던 길선이라는
사람이 왕을 몰아낼 계획을 꾸몄어요.
"신라는 한반도의 남쪽 끝에 있고, 북쪽과 서쪽이 모두
가로막혀 있어 전쟁으로 나라의 힘을 키울 수밖에 없소.

동쪽에 바다가 있기는 하나 왜가 너무 가까이 있어
백성들이 불안에 떨고 있고, 왕은 힘이 없으니
우리가 나서서 신라를 구합시다."
모든 사람이 고개를 끄덕였지만 그중 다른 생각을
하는 사람이 있었어요.
'여기 모인 사람들로는 반란이 성공할 수 없다.
왕의 군대와 싸우면 모두 죽임을 당하고 말 거야.
그럴 바에야 이 사실을 왕에게 알리고 내 목숨이라도 구해야겠다.'
이렇게 왕을 몰아내려던 계획은 들통 나고 말았고, 길선은
서둘러 백제로 도망쳤어요.
길선은 몰래 궁궐로 숨어 들어가 개루왕을 만났어요.
"저는 신라에서 아찬의 벼슬을 하던 길선이라고 합니다.
왕을 몰아내려다 쫓기게 되었으니
부디 저를 내치지 말아 주십시오."

부디 저를 받아 주십시오.

백제에서는 길선을 받아 줄지 말지에 대해 신하들의 의견이 엇갈렸어요.
"만약 길선을 받아 준다면 신라가 가만히 있지 않을 것입니다."
"길 잃은 짐승도 거둬 키우는 것이 도리이거늘 갈 곳 없는 사람을
어디로 내친단 말입니까?"
신하들의 말을 가만히 듣고 있던 개루왕이 말했어요.
"길선을 내쫓는다면 우리에게 원한을 품을 것이니 받아들여야겠다.
그는 신라의 사정에 밝으니 우리에게 큰 도움이 될 것이다."
백제는 기루왕 때 신라와 외교를 맺은 뒤, 여러 차례 사신을 주고받았어요.
말갈의 침입을 함께 막아 내기도 했지요.
한편 길선이 백제로 도망간 것을 안 아달라왕은 화가 머리끝까지
치밀어 올랐어요.

"백제가 길선을 받아들였다고? 가만히 앉아서 당하고 있을 수만은 없다. 어서 군사들을 준비시켜라. 당장 백제로 쳐들어갈 것이다."
마침내 오랫동안 계속되었던 두 나라 사이의 평화는 깨지고 말았어요.
개루왕은 길선을 받아들이면서 이런 일이 벌어질 것을 짐작하고
있었기 때문에 단단히 준비를 하고 있었어요.
"신라는 분명히 우리를 치러 올 것이다. 국경에 있는 군사들은
성문을 닫아 걸고, 절대로 성문 밖으로 나가지 마라."
하지만 몇몇 신하들은 개루왕과 생각이 달랐어요.
"그동안 우리 백제와 신라는 가깝게 지냈기 때문에 서로에 대해
잘 알고 있습니다. 이번에 신라를 확실히 꺾어 놓지 않으면 두고두고
우리를 괴롭힐 것입니다. 부디 그들을 물리치도록 허락해 주십시오."

"지금이라도 길선을 내주는 게 어떻겠습니까?
최대한 전쟁을 피하자는 것이 돌아가신 왕의 뜻이 아니었습니까?
전쟁으로 백성들이 피해를 입을까 걱정입니다."
개루왕이 신하의 말에 이렇게 대답했어요.
"내가 신라와 전쟁을 일으키고자 해서 길선을 받아들인 것이 아니다.
우리는 힘을 키워 더 큰 땅을 차지해야 한다."
한 신하가 앞으로 나서며 말했어요.

"차라리 신라와 힘을 합쳐 말갈을 치는 게 어떻습니까?"
개루왕은 침착하게 말을 이어 갔어요.
"신라와 함께 말갈을 차지하면 그 땅을 어떻게 나눌 것인가?
또 그 틈을 타 낙랑이 쳐들어오면 어찌하겠는가?"

개루왕의 말에 신하들은 더 이상 반대할 수 없었어요.
"길선을 받아들인 이유는 이제 신라와 손을 끊을 때가 되었기 때문이다. 나라와 나라 간의 관계를 끊을 때는 구실이 필요하다. 길선이 제때에 그 구실을 가져다 주었으니 고마운 노릇이 아니냐?"
개루왕은 신라와 큰 싸움을 벌일 생각이 없었어요. 백제 군사들은 개루왕의 명령대로 성문을 닫아걸고 성벽 위로 기어올라 오는 신라군만 막아 냈어요. 싸움이 길어지자 신라군은 발길을 돌리기 시작했어요.
곧 농사철이 다가오고 있었고, 말갈과 가야가 신라를 넘보는 상황에서 백제에만 힘을 쏟을 수 없었거든요.

개루왕은 신하들을 불러 놓고 명령을 내렸어요.
"북한산에 성을 쌓도록 하여라.
말갈족은 말을 타고 다니니, 성을 쌓으면 쉽게 넘어오지 못할 것이다."
이 북한산성이 훗날 근초고왕 때 북쪽으로 영토를 넓히려는 백제의
튼튼한 발판이 되어 주었지요.
475년에는 고구려의 장수왕이 북한산성을 무너뜨리고 한성을
빼앗았으며, 개로왕도 아차산성에서 처참한 죽음을 맞이했어요.
이렇게 한강 유역을 빼앗긴 백제는 문주왕 때 도읍을 한성에서
웅진으로 옮기지요.
개루왕은 백성들의 살림을 넉넉하게 하는 일도 게을리하지 않았어요.

인자하신 왕 덕에 올해는 풍년일세!

"백제의 땅이 기름지다고는 하지만, 식량이 넉넉하지는 않다.
그러므로 전국에 벼농사 짓는 법을 널리 알려라."
개루왕은 분명한 목표를 가지고 나랏일을 돌보았어요.
'우리 백제는 아직 힘이 약하다. 내가 할 일은 백성들이
편히 살 수 있도록 해 주고, 다음 왕이 우리 백제의
힘을 크게 떨칠 수 있도록 바탕을 다지는 것이다.
말갈족의 공격에 대비해 산성도 쌓았고,
신라의 공격도 막아 냈으니 내 할 일은
다한 것 같구나.'
166년에 개루왕은 세상을 떠났어요.

내가 하려고 했던 일을 다 이루었구나.

영토 전쟁에서 진 초고왕

초고왕, 신라를 공격하다

166년, 개루왕의 뒤를 이어 초고왕이 왕위에 올랐어요. 개루왕이 신라에서 반란을 일으키려다 도망쳐 온 길선을 받아들인 뒤, 신라와 백제는 서로 으르렁거리는 사이가 되었어요.

왕위에 오른 지 2년째 되는 해 7월에 초고왕은 신하들을 불러 모았어요.

"얼마 전 신라가 공격을 해 왔다. 그때에는 우리가 그들을 막아 내기만 했으나, 이제는 적극적으로 나서서 싸우고자 한다. 먼저 신라의 콧대를 꺾고 백제의 힘을 온 세상에 떨칠 것이다."

그동안 힘을 키운 보람이 있구나.

서쪽 국경으로 달려간 백제군은 단숨에 신라의 성 두 개를 무너뜨렸어요.

"하하하, 신라는 약하기 짝이 없구나. 이제까지 너무 겁을 냈어."

"성을 두 개나 빼앗겼으니 신라도 속이 좀 타겠지?"

백제군의 사기는 하늘을 찌를 듯했어요.

"이제 우리 군사들이 힘을 얻었으니 신라를 몰아칠 일만 남았구나.

그동안 전쟁을 하지 않고 힘을 키운 보람이 있구나.

여봐라, 훈련하는 군사들을 보러 갈 테니 준비하도록 하라."

초고왕은 군사들을 몸소 만나 용기를 북돋워 주었어요.

한편 신라의 아달라왕은 분한 마음을 참을 수 없었어요.

"나를 해치려던 자를 받아들인 것도 모자라 우리 성을 빼앗아 가?

겁도 없이 덤빈 대가를 톡톡히 치르게 해 주마.

흥선에게 군사 2만을 주어 백제를 치게 할 것이다.

나 또한 군사 8,000명과 함께 직접 전쟁터로 갈 것이다."

으~ 분하다. 성을 두 개나 빼앗기다니.

"도대체 어떻게 저 많은 군사를 모았지?"

신라는 지금의 경상도 지방에 자리 잡은 작은 나라였어요. 그런 나라에서 2만 8,000명이나 되는 군사를 모은다는 건 쉬운 일이 아니었지요. 신하들은 이 마을 저 마을을 다니며 젊은 남자들을 모두 군대로 끌고 갔어요.
"남자들은 다 전쟁터로 끌려가고 이제 노인과 아이, 여자들만 남았으니 농사는 누가 짓는단 말이오. 앞으로 우리는 굶어 죽게 생겼소."
백성의 원망이 하늘을 찔렀지만 아달라왕은 들은 척도 하지 않았어요.
성을 빼앗기고도 가만히 있으면 백제가 신라를 통째로 차지하려고 달려들 것이 불 보듯 뻔했기 때문이지요.

아달라왕은 맨 앞에서 군사들을 이끌었어요.
"어서 말을 달려라. 백제가 눈앞에 있다. 우리 성을 빼앗고도 무사할 줄 알았더냐? 우리가 당한 것의 몇백 배로 갚아 주마."
한강 부근에서 망을 보던 병사가 헐레벌떡 궁으로 달려왔어요.
"신라 왕이 군대를 이끌고 쳐들어오고 있습니다.
그들이 이미 한강 근처까지 이르렀습니다."
놀란 초고왕이 병사에게 물었어요.
"숫자가 얼마나 되더냐?"
"2만 8,000명 정도 되는 것 같습니다."
"신라같이 작은 나라에서 그렇게 많은 군사를 모으다니.
우리에겐 그들을 막을 만한 군사가 없다.
한강을 건너면 바로 도읍인데……."

백제를 물리치자!

와~ 아!

1만
1만
3천
신라

초고왕은 서둘러 아달라왕에게 사신을 보냈어요.

전에 우리가 얻어 낸 두 성과 신라의 백성을 되돌려 주겠습니다. 군사들을 물러 주십시오.

한참 생각에 잠겨 있던 아달라왕이
신하들에게 물었어요.
"백제 왕이 성과 포로를 돌려줄 테니
그만 화해를 하자는구나.
어떻게 하는 것이 좋겠느냐?"
그중 한 신하가 대답했어요.
"우리가 전쟁을 일으킨 이유는 백제의
힘을 꺾고, 빼앗긴 두 성과 포로를 되찾기
위해서였습니다. 그 모두를 이루었으니
그만 물러나도 될 듯합니다."
"그렇습니다. 우리 군사들이 많으나 한강 건너에 있는 성을
치는 일은 쉽지 않습니다. 우리가 강을 건너는 동안 백제군이
화살을 쏘아 대면 많은 군사를 잃을 것입니다."
아달라왕도 같은 생각을 했어요.

군사를 물러 주십시오.

"이해심이 많은 우리 신라가 봐 주지."

백제의 도읍은 한강 건너에 있는데, 강 바로 앞에 성이 있기 때문에 자칫하면 도망도 못 가고 크게 질 수 있었거든요. 그래서 아달라왕은 초고왕과 화해하기로 결정한 거예요. 신라로 돌아간 아달라왕은 신하들에게 말했어요.
"백제는 분명히 우리에게 복수하러 올 것이다. 마침 군사를 모아 놓았으니 이들을 훌륭한 병사로 키워야 한다."

신라는 백제의 공격에 대비해 군사를 키우는 데 온 힘을 쏟았어요. 신라의 궁궐에서는 밤낮없이 창끝 부딪치는 소리와 군사들의 기합 소리가 울려 퍼졌지요.

이얍! 얍!

신라

"이번 싸움에서는 반드시 이겨야 한다."

한편 초고왕은 신라에 무릎을 꿇은 후 화가 나서 잠을 이루지 못했어요.
이를 본 신하들이 왕을 위로했어요.
"본디 싸움이라는 것이 한 발 나아갈 때가 있으면 물러설 때도 있는
법입니다. 지금의 부끄러움을 잊지 말고 힘을 키워 나가다 보면
하늘에서 좋은 기회를 내려 줄 것입니다."
"그렇습니다. 폐하께서 현명한 결정을 하신 덕분에 큰 화를 피하지
않았습니까? 잠시의 부끄러움은 참아 넘겨야 합니다."
초고왕은 다시 힘을 모아 188년 신라의 모산성을 공격했어요.
"이번 싸움만큼은 반드시 이겨야 한다.
성문 위만 차지하면 이 성은 우리 손에 들어올 것이다."
"공격하라."

백제군은 큰 함성을 지르며 모산성을 공격하기 시작했어요.
이때 신라의 장수 구도가 군사를 이끌고 나타났어요.
"왜 남의 땅을 넘보는 것이냐? 한 놈도 살려 보내지 않을 것이다!"
구도는 무예가 뛰어나고 용감했을 뿐만 아니라 전술을 세우는 데 능했어요.
그는 성을 공격하느라 정신없는 백제군의 뒤쪽을 갑자기 공격했어요.
당황한 백제군은 칼을 빼 보지도 못하고 신라군에게 떼죽음을 당했어요.

저 사람이 이름만 들어도 벌벌 떤다는 구도 장군이래.

공격하라!

모산성 싸움에서 크게 지자 초고왕은 긴 한숨을 내쉬었어요.
"비록 적이지만 구도는 정말 뛰어난 장수다. 정면으로 맞붙으면 이길 수 없다. 다음번에는 우리도 전략을 잘 짜서 상대해야 될 것이다."
190년 8월, 초고왕은 다시 신라를 공격하라고 명령했어요.
백제군은 신라의 원산향에서 신라군과 맞붙었어요.
그때 신라 진영에서 한 장수가 큰 창을 백제군 쪽으로 던졌어요.
창은 한참을 날아서 백제의 장수 바로 앞에 떨어져 땅에 꽂혔어요.
신라 장수의 엄청난 힘에 백제군은 기가 눌려 버렸어요.
그가 바로 구도였어요. 백제군은 슬금슬금 뒤로 도망치기 시작했어요.
"도망가는 백제군을 끝까지 쫓아라."
하지만 그것은 백제군의 속임수였어요. 백제군은 일부러 도망치는 척하면서 구도의 군대를 계곡 쪽으로 끌어들인 거예요.
구도의 군사들은 백제군에게 모두 죽임을 당했어요.
구도는 가까스로 목숨을 건졌으나, 부곡성의 성주로 쫓겨나고 말았답니다.

말갈과 전쟁을 벌이다

신라와 백제가 서로 힘을 겨루고 있는 사이, 북쪽에서는 말갈이 남쪽으로 내려올 기회를 엿보고 있었어요.

"우리가 눈치채지 못한 사이에 신라가 엄청난 군사를 모았다고 한다. 게다가 북쪽으로 영토를 넓히려고 하니 가만히 놔두면 우리에게 큰 위협이 될 것이다. 백제와 싸우느라 힘을 많이 썼을 테니 지금이 기회다."

203년, 드디어 말갈이 신라에 쳐들어왔어요. 말갈의 군사들은 신라의 북쪽 국경을 쳐들어와 많은 피해를 입혔어요. 말갈은 백제의 국경도 자주 쳐들어왔기 때문에 백제도 말갈의 공격에 대비해야 했지요.

말갈의 공격에 대비하라!

백제는 적현성과 사도성을 쌓고 말갈에
맞설 준비를 단단히 했어요.
얼마 후 말갈이 사도성으로 쳐들어왔지만
모든 준비를 마친 백제는 어렵지 않게
말갈의 공격을 물리칠 수 있었어요.
이 소식을 들은 초고왕은 크게 기뻐했어요.
"장수 진과는 군사 1,000명을 데리고
말갈의 석문성으로 가라. 석문성 정도는
손쉽게 빼앗을 것이다. 말갈은 성까지
빼앗기고 나면 우리를 다시는 넘보지
못할 것이다. 우리도 북쪽으로 나아갈
때가 왔다."
장수 진과는 초고왕의 말대로 별로
어렵지 않게 석문성을 빼앗았어요.
말갈의 왕은 버럭 화를 냈어요.

"감히 우리 땅을 넘봐? 잠자는
호랑이의 코털을 건드렸으니
절대로 가만두지 않을 것이다."

말갈의 군사들은 무서운 기세로 백제에
쳐들어왔어요.
"말갈군이 우술천까지 밀고 내려왔습니다."
초고왕은 자신이 저지른 일을 크게 뉘우쳤어요.
"내가 쓸데없는 욕심을 부렸구나. 괜히
말갈까지 공격해 나라를 위험에 빠뜨리고
말았다. 이 일을 어찌한단 말인가."
국경에서 도읍까지는 많은 성이 있기 때문에
말갈군이 밀고 내려오는 속도를 늦출 수는
있었지만, 그들을 돌아가게 할 수는 없었어요.
말갈은 이 기회에 백제를 손안에 넣으려고
한 거예요.
말갈과의 전쟁이 한창이던 때에 초고왕은
세상을 뜨고 말았어요.
초고왕은 영토를 넓히기 위해 많은 전쟁을
벌였지만 모두 실패하고 말았어요.
오히려 신라와 말갈을 같은 시기에
공격하느라 백제를 어려움에 빠뜨리고 말았답니다.

―2m

털북숭이 거인, 구수왕

하루도 마음 편할 날이 없었던 구수왕

구수왕은 초고왕의 맏아들로, 214년에
왕위에 올랐어요. 구수왕의 키는
7척(약 2미터)에 이르렀대요.
당시로서는 역사책에 기록될 정도로
보기 드문 일이었을 거예요.
생김새도 특이했다고 해요.
구수왕이 죽은 뒤에 붙여진

이름인 '구수'는 '짝머리' 또는
'거만한 머리'라는 뜻이에요.
또 그를 '귀수왕'이라고 부르기도 했는데
'귀수'는 '귀한·털'이라는 의미였어요.
구수왕은 한마디로 털북숭이 거인이었던 셈이지요.

구수왕은 왕위에 오르자마자 북쪽의 말갈, 동쪽의 신라와 동시에
전쟁을 치러야 했어요.
초고왕 때 석문성을 빼앗겼던 말갈은 많은 군사를 보내 백제 땅
여기저기를 휘젓고 다녔어요.

"말갈군이 적현성을 둘러쌌습니다.
    적군은 우리보다 몇 배나 많습니다."

구수왕은 짐작하고 있었다는 듯이 바로 명령을 내렸어요.
"절대로 성문을 열고 나가지 말라고 전하라.
    성벽을 기어올라 오는 말갈군만 떨어뜨리면 된다.
    말갈군은 전쟁이 길어지면 지쳐 돌아갈 것이다."
    말갈군은 적현성을 몇 겹으로 둘러싸고 끊임없이
        공격해 왔어요.
    성벽 위의 백제 군사들은 화살을 쏘고,
    돌을 굴리고, 뜨거운 물을 쏟아부었어요.
    성이 무너질 낌새가 보이지 않자 말갈은
    북쪽으로 물러갔어요.

"폐하, 기뻐하소서. 우리가 말갈군을 물리치고 적현성을 지켜 냈습니다."
구수왕은 긴장을 늦추지 않고 또 다른 명령을 내렸어요.

"그들은 굶주리고 지쳐 있다. 지금 치지 않으면 다시 힘을 모아
쳐들어올 것이다. 내가 직접 병사를 이끌고 갈 것이다."
긴 싸움을 끝낸 후 사도성에서 잠시 쉬고 있던 말갈군은
갑작스러운 구수왕의 공격에 어쩔 줄을 몰랐어요.
그들은 백제군의 칼에 목숨을 잃고 말았답니다.

"한 놈도 살려 보내지 마라."
구수왕의 우렁찬 명령에 백제군은 잠시도 쉬지 않고
창을 휘두르고 화살을 쏘아 댔어요.
사도성은 말갈군의 시체로 발 디딜 틈이 없을 정도였답니다.
구수왕은 성 주변에 나무 울타리를 세우라고 명령했어요.
"말갈군은 말을 잘 다루어 빠르게 우리를 공격해 올 것이다.
하지만 울타리가 있으면 말이 건널 수 없으니 시간을 벌 수 있다."
구수왕은 북쪽 성에도 군사를 늘리고, 무예를 갈고닦게 하는 등
말갈군이 다시 쳐들어올 것에 대비했어요.

그런데 신라도 백제를 노리고 있었어요.
구수왕도 말갈과 싸우느라 정신이 없었지만
신라에 대한 걱정을 하지 않을 수 없었어요.
"우리는 두 적을 상대해야 한다. 말갈의 공격은
어느 정도 막아 냈지만, 아직 동쪽의 신라가

장산성을 공격하라!

우리를 위협하고 있으니
좋은 의견이 있으면 말해 보라."
"말갈의 공격은 어느 정도
잦아들었으니, 신라의 공격을 기다릴 것이
아니라 먼저 쳐들어가는 게 어떻겠습니까?"
구수왕은 신하들의 의견을 받아들이기로 했어요.

218년, 마침내 구수왕은 신라의 장산성을 공격했어요.
"다들 성을 둘러싸고 화살을 쏘아라. 신라군이
정신없는 틈을 타서 성벽을 기어올라라."
신라군의 반격도 만만치 않았어요.

절대 성을
빼앗기지 않을
것이다.

신라의 내해왕은 직접 군사들을
이끌고 나왔어요.
백제군은 앞뒤로 신라군과 싸워야 했어요.
쏟아지는 화살을 피하려고 달아나면 뒤쪽에서
기다리던 병사들이 달려들었어요.
백제는 결국 물러날 수밖에 없었지요.

하지만 구수왕은 222년에 다시 신라 공격에 나섰어요.
"이번에는 신라의 우두진(지금의 강원도 춘천)을 칠 것이다."
백제군이 우두진에 도착하자 5,000명의 신라군이 백제군을 맞이했어요.
신라군을 이끄는 장수는 충훤이었어요.
"어서 오너라. 여기가 너희 무덤이 될 것이다. 모두 나가 싸워라."
신라군은 병사들의 숫자만 믿고 한꺼번에 백제군에게
몰려갔다가 목숨을 잃고 말았어요.
백제는 많은 신라군의 목을 베고 큰 승리를 거두었지요.
구수왕은 비로소 안도의 한숨을 내쉬었어요.
"장산성에서 진 원수를 갚았구나. 신라군이 5,000
명이나 되어 걱정하였건만, 잘 싸워 주었다."
신라는 224년 7월에 장수 연진을 내세워
백제를 공격해 왔어요.
봉산 벌판에서 백제군은 뛰어난 전략을 펼친
신라군에게 무릎을 꿇고 말았어요.

아, 드디어 원수를 갚았구나.

구수왕은 이 전쟁에서 신라에 졌다는 소식을 듣고는
마음을 고쳐먹었어요.
"이미 우리는 많은 전쟁을 치렀다. 계속 싸움만 벌이다
가는 나라 살림이 바닥나고 말 것이다."
구수왕은 더 이상 신라를 공격하지 않았어요.
그러나 전쟁보다 더 무서운 건 하늘이 내린
재앙이었어요. 구수왕이 왕위에 있는 동안
큰 홍수가 나서 30개가 넘는 산이
무너져 내려 많은 집들이 흙더미에 묻혔고,
미처 피하지 못한 백성들은 깔려 죽었어요.
또 큰 가뭄이 들어 물조차 구하기 어려웠고,
우박이 쏟아져 내려 농작물이 큰 피해를
입기도 했어요. 왕위에 오른 뒤 하루도 마음 편할 날이
없었던 구수왕은 약 20년 동안 나라를 다스리다가 세상을 떠났어요.

모래 반쪽 인생, 사반왕

사반왕, 반란으로 왕위에서 쫓겨나다

구수왕은 죽기 전에 신하들을 불러 놓고 마지막 말을 남겼어요.
"나는 내 맏아들에게 왕위를 물려줄 것이다. 하지만 태자가 아직 어려 왕위를 노리는 자들이 있지 않을까 걱정이구나. 그대들이 태자를 꼭 지켜 주길 바란다."
구수왕이 세상을 떠나고 십대의 사반왕이 왕위에 올랐어요. 그러자 여기저기서 사반왕의 자리를 노리는 세력이 나타났어요.

어떻게 나랏일을 해 나갈지 걱정이군.

난 놀고 싶은데…….

사람들은 사반왕에 대해서 수군거렸어요.
"지금 왕의 어머니는 고작 후궁이었어.
그러니 사반왕은 왕실의 혈통을 바로 잇는 왕이 아니야."
"나이 어린 왕 때문에 나라가 망하게 생겼어.
이제 막 수염이 나기 시작한 어린아이가 어떻게 나랏일을 돌보겠어."
왕위를 노리는 자들은 이곳저곳에서 사반왕을 헐뜯었어요.
"우리는 끊임없이 전쟁을 치르고 있는데 어린 왕이 싸움이나 할 줄
알겠어? 아무래도 왕은 경험도 많고 배운 것도 많아야 하는데 말이지."
결국 사반왕이 왕위에 오른 지 얼마 지나지 않아 반란이 일어났어요.
"왕실의 혈통을 지키기 위해 내가 나섰다. 백제는 위로는 말갈, 옆으로는
신라의 침략을 막아 내야 한다. 그런데 어린아이가 왕위에 있으니
나라가 잘 될 턱이 없다. 초고왕의 동생인 내가 왕위를 잇는 게 옳다."

이렇게 말하며 반란을 일으킨 사람은 바로 고이왕이었어요.
사반왕에게는 반란을 막을 만한 힘이 없었어요.
'사반'이라는 이름은 죽은 뒤에 사람들이 붙여 준 거예요.
사반이란 '모래 반쪽'이라는 뜻인데, 모래 반쪽만큼이나
짧은 시간 동안 왕위에 있어서 붙여진 이름이에요.
〈삼국사기〉에는 사반왕의 기록이 간단하게 나타나 있어요.

**사반이 왕위를 이었으니
나이가 어려 정사를 잘 처리하지 못하므로,
초고왕의 동생인 고이가 왕위에 올랐다.
초고왕과 고이는 어머니가 같았다.**

이제, 나 고이왕이 나라를 다스릴 것이다.

어린애는 물러가야지.

짧은 기록이지만 고이왕이 사반왕을 몰아내고 스스로
왕위에 올랐다는 사실을 알 수 있어요.
고이왕은 항상 자신이 초고왕과 어머니가 같다고
주장했지만 믿기 어려운 말이에요.
만약 고이왕이 초고왕의 동생이라면 아버지는
개루왕이 되는 것이지요.
개루왕이 166년에 죽은 뒤 초고왕이 48년,
구수왕이 20년 동안 왕위에 머물렀는데, 고이왕이
166년에 태어났다고 해도 왕위에 오를 때
그의 나이는 68세가 되지요.
고이왕은 이후 52년이나 왕의 자리에 있었는데,
그렇다면 120세까지 살았다는 얘기가 돼요.
이것으로 보아도 꾸민 내용이라는 것을 알 수 있어요.
어쨌든 쫓겨난 사반왕이 어떻게 되었는지는
기록이 남아 있지 않아 알 수 없답니다.

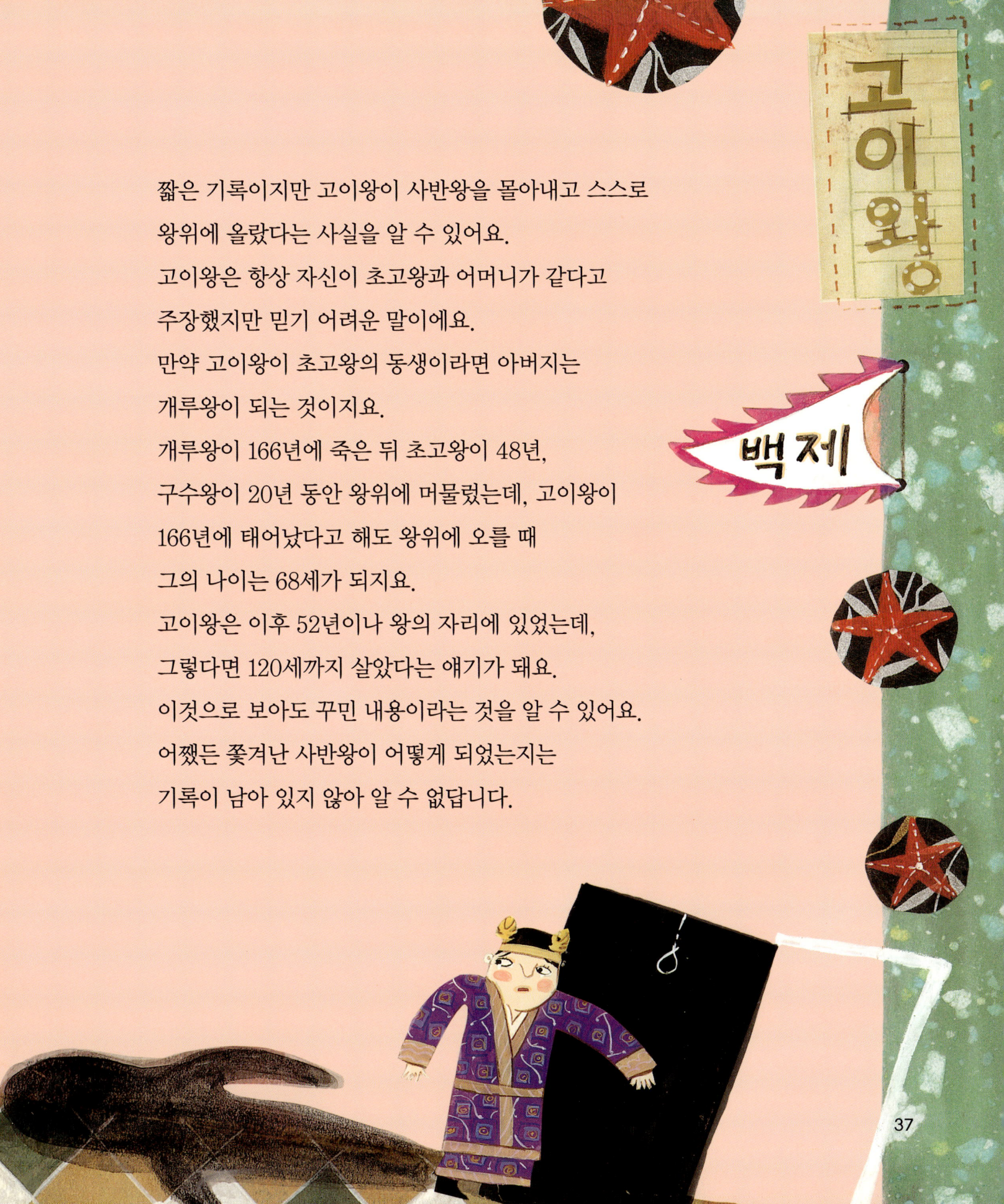

쏙쏙! 한국사 상식

백제 사람들은 어떻게 살았을까?

백제는 땅이 기름지고 날씨가 좋은 곳에 자리 잡아 고구려나 신라보다도 일찍이 벼농사가 발달했어요. 넉넉한 생활 덕분에 백제 사람들은 온화한 인상을 가질 수 있었지요. 백제 사람들의 생활 속으로 한번 들어가 볼까요?

어떤 옷을 입었을까?

백제에서 가장 좋은 옷은 비단옷이었어요. 옷에 화려한 무늬를 수놓고, 자주색이나 붉은색 옷을 입었어요. 은이나 금으로 아름답게 꾸미기도 했지요. 하지만 이것은 왕족이나 벼슬이 높은 사람들의 옷이에요. 백제의 남자 귀족은 무릎을 약간 덮을 정도로 긴 겉옷을 입었고, 여자 귀족은 저고리 위에 긴 겉옷을 입기도 했어요.
보통 백성들은 삼베옷을 입었고, 겨울에는 짐승 가죽으로 추위를 막았지요. 백제는 길쌈 기술이 뛰어나 이를 일본에 전해 주기도 했답니다.

▲ 백제 왕과 왕비의 복식을 고증하여 만들어 입은 모습

어떤 집에서 살았을까?

백성들은 대부분 풀로 지붕을 이은 움집이나 초가집에서 살았어요. 왕족과 귀족들만 기와집에서 살았지요. 백제 사람들은 기와 만드는 솜씨가 아주 뛰어났어요.
백성들의 집에는 화덕과 온돌이 있었어요. 부뚜막과 굴뚝도 있었고요. 드나드는 문과 창고, 부엌과 방 등도 따로 있었지요.
백제에서는 정원 꾸미기가 발달했어요. 무왕 때 만든 궁남지를 보면 백제 사람들의 정원 꾸미는 솜씨를 알 수 있어요. 백제는 일본에 정원사를 보내 주기도 했답니다.

▲ 부여 궁남지

🌸 백제 사람들은 무엇을 먹었을까?

백제 땅에서는 오래전부터 벼농사를 지었어요. 그래서 백제 사람들도 쌀밥을 먹을 수 있었지요. 하지만 왕족이나 귀족들만 쌀밥을 먹고, 백성들은 보리나 조가 많이 들어간 잡곡밥을 먹었어요.

떡을 쪄서 먹기도 했고, 차를 마시기도 했대요.

숟가락과 젓가락도 썼어요. 신분이 높은 사람들은 청동으로 만든 숟가락과 젓가락을 썼고, 백성들은 나무를 깎아 만들어 썼어요.

백제 사람들은 누룩으로 술도 빚을 줄 알았어요. 술 빚는 기술을 일본에 전해 주기도 했지요. 장이나 젓갈 등도 담가 먹었어요. 김장독으로 보이는 토기가 나온 것으로 보아 김치도 담가 먹었을 것으로 짐작된답니다.

한국사 돋보기

호랑이 입에 오줌을 누었대요

네 발 달린 동물 모양을 한 이 그릇은 무엇일까요?

지금으로부터 1,400여 년 전 백제 사람들은 여기에 오줌을 누었어요. 이 그릇은 바로 휴대용 남자 소변기예요. '호랑이 모양의 그릇'이란 뜻으로, 그릇 이름이 '호자'예요. 잘 보세요. 입을 딱 벌린 호랑이 같지요?

호자는 부여군 군수리에서 발견되었어요. 남자용 변기인 사진 속의 호자는 중국 호자의 모양을 변형시킨 거예요. 호자는 중국에서 술잔, 찻잔 등 다양한 용도로 사용되었다고 해요.

백제 사람들은 무엇을 하며 놀았을까?

백제 사람들은 멋과 풍류를 즐길 줄 알았어요. 농사일이 끝나고 한가할 때는 여러 가지 놀이를 했지요. 보통 여럿이 서로 겨루는 놀이를 했어요. 추석 같은 명절에는 마을 사람들이 모여 편을 갈라 승부를 겨루기도 했어요. 백제 사람들은 어떤 놀이를 즐겼는지 함께 알아보아요.

🌸 백성들은 어떤 놀이를 했을까?

먼저 투호를 들 수 있어요. 투호는 일정한 거리에 투호를 놓고 나무로 된 화살을 던져 많이 넣는 사람이 이기는 놀이예요.
저포란 놀이도 있어요. 주사위 같은 것을 던져서 그 끗수로 승부를 가리는 놀이인데, 윷놀이와 비슷해요.
농주는 예닐곱 개의 나무 구슬을 하나씩 연거푸 높이 던져 올렸다 받았다 하는 놀이랍니다.

▲ 투호하는 모습

🌸 귀족들은 어떤 놀이를 좋아했을까?

귀족들은 말타기와 활쏘기를 즐겨 했어요. 귀족들도 투호와 윷놀이, 쌍륙 따위를 즐겼어요. 쌍륙은 주사위 두 개를 번갈아 던져 나오는 수대로 말을 나가게 하여 먼저 궁에 들여보내는 사람이 이기는 놀이예요. 백제의 귀족들은 바둑을 무척 좋아했대요. 개로왕이 바둑에 빠져 나랏일을 잊을 정도였다고 〈삼국사기〉에 전하지요.

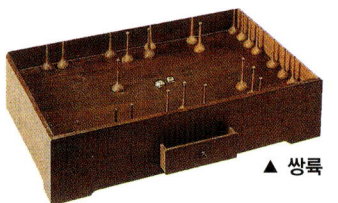

▲ 쌍륙

🌸 백제 사람들은 어떤 노래를 불렀을까?

백제에는 노래하고 춤추는 것을 직업으로 하는 악사와 무용수가 있었어요. 그리고 일본에 가르쳐 줄 정도로 훌륭한 음악이 있었지요.
하지만 오늘날까지 전하는 것은 지은이를 알 수 없는 〈정읍사〉의 노랫말뿐이에요. 〈정읍사〉는 한글로 기록되어 전하는 가요 중 가장 오래된 것이랍니다.

▲ 악사 다섯 명이 새겨진 백제 금동 대향로

한눈에 보는 연표

우리나라 역사 　　세계 역사

120
- 제4대 개루왕 즉위 ➡ 128
- 북한산성 쌓기 시작함 ➡ 132 ⬅ 후한, 흉노 격파
- 138 ⬅ 유대 인 방랑 시작

▲ 후한 서왕모상

북한산성
개루왕은 132년에 말갈의 공격에 대비해 북한산성을 쌓았어요. 뒷날 북한산성은 근초고왕이 북쪽으로 나아갈 때 튼튼한 발판이 되었어요.

160
- 신라의 아찬 길선을 받아들여 ➡ 165
- 신라와 사이가 나빠짐
- 제5대 초고왕 즉위 ➡ 166 ⬅ 로마 사절, 중국 방문함
- 185 ⬅ 중국, 농민들이 '황건적의 난' 일으킴
- 신라의 아모산성(모산성)을 공격했으나, ➡ 188
- 신라 장수 구도에게 패함
- 189 ⬅ 사라센, 로마에 승리

💬 북한산성은 위례성을 지키기 위해 쌓았대.

200
- 201 ⬅ 신약 성서 성립
- 적현성과 사도성을 쌓고, ➡ 210
- 말갈의 사도성 공격을 막아 냄
- 제6대 구수왕 즉위 ➡ 214
- 신라의 장산성을 ➡ 218
- 공격했으나 실패함

오나라를 세운 손권
후한 멸망 후, 손권은 오나라를 세웠어요. 그 후 위나라와는 대립하고 촉나라와는 협력하여 오나라를 발전시키는 데 노력했답니다.

- 북쪽 변경을 침입해 온 말갈을 막아 냄 ➡ **220** ⬅ 중국 후한 멸망, 위·촉·오 삼국 시대 시작
- 226 ⬅ 사산 왕조 페르시아 성립
- 말갈이 우곡에 쳐들어와 백성들을 죽이고 ➡ 229
- 재물을 빼앗아 감
- 제7대 사반왕 즉위 ➡ 234
- 280 ⬅ 진나라, 중국 통일

💬 오나라, 위나라, 촉나라가 맞서던 때를 중국의 삼국 시대라고 해.